se você
me entende,
por favor
me explica

se você me entende, por favor me explica

pedro salomão

Prefácio

Para ser feliz no amor, precisamos esquecer o que não funcionou, apagar as amarras e as censuras, dar-se de novo como da primeira vez, sem ressentimentos e sem transferência de culpa a alguém que não estava presente no nosso passado.
A esperança é amnésia. A esperança é não comparar para diminuir a importância da experiência. A esperança é não se intimidar a dizer eu te amo outra vez como se antes não houvesse sido ferido. É doer em cima da cicatriz, acreditando que agora será diferente.
Pedro Salomão ministra uma aula de resiliência amorosa.

"Muita gente é triste pelo simples motivo de ter uma memória boa demais.
Não raramente
esquecer é ser feliz.
A felicidade é para distraídos e para quem esquece rápido."

E não é travessia fácil para quem é ansioso, com a torneira aberta dos pensamentos sem poder fechar, e não é tarefa simples a quem é intenso e se entrega primeiro para depois conferir se é recíproco, e não é missão rotineira a quem se vê descascado pela verdade, com o bagaço da alma exposto, e não é normal a quem costuma ser cruel consigo e generoso com os outros.
Se você me entende, por favor me explica é um livro para quem ama de mais amar mais ainda, e quem ama de menos amar de mais. Para todo mundo ficar quite na loucura.
Em tempos fluviais de romance, esses versos sinceros de padaria oferecem o espaço para o abraço sólido e a fome de viver para se demorar no afeto.

Fabrício Carpinejar

O começo é sempre a parte mais difícil. Começar é complicado, é sempre mais fácil continuar do jeito que está. Começar requer coragem para enfrentar o novo e sair da inércia. **Que bom que está aqui,** começando este livro.

Eu consigo me lembrar facilmente dos livros que mais me influenciaram a ser quem eu sou, dos escritores e das escritoras que me pareciam amigos íntimos e que moldaram minha visão de mundo, desconstruindo minhas certezas e mudando os móveis do meu coração de lugar.

Lembro-me dos textos que me destruíram e dos textos que me consertaram, poemas que me beijaram e poemas os quais me deram tapas na cara. Boa parte de mim são os livros que li, e **é uma honra ter você aqui e poder fazer parte de quem você está se tornando.**

Da mesma forma que uma pessoa nunca entra em um mesmo rio duas vezes, você nunca mais lerá este livro da forma como está lendo agora. Da próxima vez que visitar estas páginas, você será outra pessoa, em outro contexto, e as poesias farão sentido de uma forma nova para você. Portanto, **esta é a primeira e última vez que lerá este livro**, por mais que leia outra dezena de vezes.

Se por acaso encontrar profundidade em minhas palavras, não se engane. Esse tempo todo, a profundidade estava em você, não nestas páginas. A poesia apenas abriu uma porta que se encontrava fechada em você, pois, na verdade, ler poesia é visitar lugares desconhecidos dentro de nós.

Sinta-se livre para sentir o que quiser enquanto lê, é a sua história que dará significado a cada palavra escrita aqui.

Minha poesia é como a vida, não tem respostas.

A poesia é sua, interprete-a como quiser.

A vida também.

Minha ansiedade é uma torneira aberta dentro de mim,
e eu não consigo fechar.
E a agonia de ver a água caindo direto para o ralo me faz
estalar os dedos e pressionar os lábios.
Existe uma torneira aberta dentro de mim,
e eu não consigo alcançar.
É a sensação de ver uma panela com leite, eternamente no
fogo, sempre borbulhando prestes a ferver, mas que nunca
chega a transbordar de fato.
É o nervosismo de quando existe água sendo desperdiçada,
e que tem tempo indo para o ralo,
e que tem vida caindo na pia.
Existe uma torneira aberta dentro de mim,
e eu não consigo acalmar.
Mesmo fechada, ela continua pingando.
Eu queria poder ao menos diminuir sua intensidade,
mas talvez eu só não consiga
porque a torneira não é de verdade.

A pessoa que você vê
não é a pessoa que sinto ser.
A palavra que sai da minha boca é brisa suave,
mas dentro de mim é tempestade,
vendaval.
Para os outros,
eu sou seu bolo de aniversário,
mas para mim
eu sou a bagunça que fica depois da festa.

Eu já era feliz quando te conheci,
mas com você
extrapolei a euforia.
**Foi tipo um milionário
ganhando na loteria.**

Eu morri de amores por você,
pois pensei que seu amor seria eterno.
Mas e agora que foi embora?
**Será que existe vida
após amar-te?**

Eu comi o mesmo doce que costumávamos comer juntos.
Mas o doce não é tão doce sem você.
Não tem a mesma graça,
não tem o mesmo gosto,
não tem o mesmo doce.
Talvez mudaram a receita,
talvez fosse sua presença que deixava tudo mais gostoso.
Sem o açúcar da sua companhia
o dia perde a **doçura**.

Quanto mais eu medito,

menos eu me elevo

e mais me aproximo do chão.

Eu nunca transcendi.

Pelo contrário,

quanto mais espiritualizado estou,

mais perto das outras pessoas me sinto.

Eu não quero fé que me separe,

eu sou parte do todo.

Minha espiritualidade é feita de barro, rua e pessoa.

Você fala tanto sobre respeitar os outros,
mas esquece de se respeitar.
Você também pode aceitar seu corpo como ele é
e levar a vida do modo como acredita.
Suas crenças também são importantes.
E você também tem o direito de errar.
Você seria tão mais feliz
se respeitasse o seu direito de não querer.
Pega leve com você.
Você é tão compreensivo com os outros,
então **por que é tão cruel consigo mesmo?**

De todos os quatro ou cinco
"felizes para sempre"
que eu já vivi,
o nosso foi no que mais acreditei.
É uma pena que depois de tudo o que aconteceu
eu tenha que esperar de novo
pelo próximo
"era uma vez".

São 14h44 do dia 17 de julho de 2019.
Escrevo este poema deitado no sofá,
pensando que deveria começar a me exercitar
e praticar algum esporte.
Talvez já tenha passado um ou dez anos quando estiver lendo isso,
ou talvez um século.
Talvez nada disso tenha mais importância enquanto meu corpo não musculoso é decomposto em terra.
Mas você está aqui agora,
e talvez também esteja pensando em sair do sedentarismo enquanto lê.
Essa é a piada da arte,
estamos juntos,
embora tão eternamente distantes.
Enquanto escrevo,
você não existe,
e agora que lê
eu não estou mais aqui.
Se não fosse a infeliz distância do tempo,
te convidaria para tomar um sorvete.

p.s.: pode escolher o sabor.

Talvez tenha sido meu isolacionismo
que me fez poeta.
Estando sozinho eu precisava conversar com alguém
e a poesia era a única forma que eu tinha de me comunicar.
Solitário,
mas sempre dialogando.

Muito do que me tornei
eu aprendi a ser.
Mas a parte do que sou
é porque é.
Como a árvore é porque é,
sem nunca ter aprendido a ser.
Como o vento é
e soa,
eu sou
e sempre fui.

Quando a gente se abraça

e a gente fica **abraçado em silêncio,**

nossos corações começam a bater ao mesmo tempo

e de repente nossas respirações estão em sincronia.

O tempo para.

O movimento das ondas nos oceanos começa a seguir a frequência de nossa respiração.

Quando você me abraça

e a gente **fica abraçado em silêncio,**

eu sinto todos os meus problemas desaparecendo

junto a todas as outras pessoas

e tudo o que existe.

Quando você me abraça

e a gente **fica abraçado em silêncio,**

eu flutuo até o mais alto e silencioso céu.

Quando o abraço acaba

o mundo volta a girar,

e agora está tudo bem.

O seu abraço me recomeça

e me reconecta a mim.

Relacionamento amoroso tem que ser bom!
E é para ser leve.
Para dar prazer,
para ter piadas internas,
para te encorajar,
para aumentar a autoestima.
A vida já tem problemas demais
para o relacionamento ser mais um.
Nunca se esqueça,
o filme pode ser ruim,
o jantar pode vir morno,
a roupa pode ser fora de moda,
mas namoro é para ser bom.
Namoro é para ser foda!

Eu sempre tenho a impressão de que a vida é amanhã,
nunca hoje.
Como se a vida fosse um planejamento que nunca chega.
Inocentemente não percebo que essas horas que estão aqui,
agora,
é a vida que tenho esperado tanto
escapando pelos meus dedos,
porque a vida é isso que tem passado,
e quando esse amanhã
finalmente chegar
acabou.

Infelizmente
estar na presença de algumas pessoas
me faz ser uma versão de mim
que eu não quero mais ser.
Uma versão que ficou no passado
e que não faz mais sentido para mim.
Às vezes você precisa se afastar
para conseguir **avançar**.

p.s.: escrevo isso com o coração apertado.

Você me beijou,
e por um momento
eu me desliguei do mundo
e me liguei ao céu
da tua boca.

A PESSOA CERTA

A gente passa a vida toda ouvindo que existe uma **pessoa certa** para nós, uma pessoa que cumpre perfeitamente todos os critérios de nossa "lista de pessoa perfeita", e temos a esperança que ela chegue pronta e se encaixe no vão de nossa vida.

Mas o tempo vai passando, e essa pessoa nunca chega, por mais que algumas pessoas pareçam incríveis nos primeiros meses, bastam alguns atritos para que elas se transformem em alguém completamente diferente, e todas as suas expectativas vão por água abaixo. Com o passar dos danos, vamos nos tornando menos sensíveis aos relacionamentos e perdendo um pouco o encanto que vemos nos outros, sempre começando com um pé atrás e já à espera da primeira decepção.

Tudo isso porque começamos com a premissa errada, a premissa de que existe a "pessoa certa para nós".

Você tem uma história, tem um caminho que o trouxe até aqui, e todas as pessoas têm. Você teve seus romances de escola e seu primeiro beijo. Você já pode ter seguido uma religião ou ainda seguir. Você já teve suas diferentes fases musicais. Você é um longo caminho que te fez ser o que é. E é assim com todo mundo. Todas as pessoas que cruzam nossa vida vêm de uma história única e pessoal, com seus valores que foram construídos com o tempo, suas inseguranças, seu repertório, suas histórias engraçadas. Seria muita inocência exigir que alguém chegasse dessa jornada absolutamente pronto e se encaixasse perfeitamente em nossas expectativas. **Então, a questão é que a pessoa certa não é a que chega perfeita, mas a que está disposta a te conhecer e assim ser boa para você.**

Quando a gente está conhecendo alguém, ainda não sabemos o que o pode magoar ou fazer aflorar suas inseguranças, pois não conhecemos sua trajetória até ali. Não sabemos dos espinhos que estão espalhados no chão de seu coração. Não sabemos o que ela passou com os pais ou os traumas dos relacionamentos anteriores. Da mesma forma, a pessoa não conhece seu caminho, não sabe o que te ofende, o que é importante para você, o que você valoriza na vida.

É natural que haja alguns atritos no começo da relação por desconhecimento da personalidade alheia. A gente ainda não sabe lidar com o coração do outro. É aí que entra o diálogo. **A pessoa certa é a que está disposta a usar o diálogo para melhorar por você**, e você por ela reciprocamente. Assim vocês vão caminhando e se conhecendo, aprendendo a lidar um com o outro, pisando na bola vez ou outra por ignorância, mas nunca por desrespeito.

É assim que se constroem laços, abrindo mão do orgulho vez ou outra, aprendendo a lidar com o outro, dialogando e estando dispostos a caminhar juntos, sabendo que ninguém é obrigado a nos conhecer de primeira. É impossível se relacionar com alguém sendo cem por cento rígido e nem um pouco maleável. **Se relacionar é se flexibilizar para amadurecer.** Com o tempo a relação vai se aperfeiçoando, criando consistência, a gente vai sabendo o que um ou outro está disposto a negociar, e assim vamos criando, juntos, a possibilidade de dar certo. Sempre reciprocamente, sempre ponderando se está te fazendo bem, sempre colocando na balança se vale a pena continuar. Se sim, **esta é a pessoa certa para você, e você a pessoa certa para ela**, não porque nasceram um para o outro, ou porque se encaixam perfeitamente, mas porque estão dispostos a se conhecerem, a se respeitarem e a se reconstruírem juntos.

Eu escrevi esta poesia depois de dormir com ela.
E ela ainda dorme. Jogada. Livre pela cama.
Com uma respiração leve e um cobertor desajeitado pelo corpo.
O que ela fez foi tão inspirador, que eu preciso escrever um poema.
O seu olhar era de uma certeza forte,
certeza do que queria, certeza do que gostava.
E o beijo, agarrado, **se estendia da boca até a ponta dos dedos.** Quando você tirou a roupa, as roupas do corpo e as da personalidade, e veio se misturar comigo, foi como se você quisesse lutar, foi como se você quisesse brincar. E eu já não via mais nada, foi só calor e dança.
E você usou toda a sua liberdade em prol do prazer.
Da sua vontade de ser Lua.
Da sua vontade de ser gato.
E depois de tudo isso, eu vejo o seu shortinho jeans jogado no chão, sua sapatilha do lado da cama e você, esparramada, como se fizesse parte do quarto, como se seu corpo estivesse em sintonia com o Universo.
A janela faz entrar a luz da lua, que acaricia sua pele.
Você é tão natureza.
Essa não é a primeira poesia que eu escrevo depois de dormir com você, e você sabe que me inspira.
Eu suspeito que só durma comigo
porque tem um profundo compromisso com a poesia.

Muita gente é triste pelo simples motivo
de ter uma memória boa demais.
Não raramente
esquecer é ser feliz.
A felicidade é para distraídos
e para quem esquece rápido.

Nossos medos são
monstros tímidos.
Quanto mais falamos sobre eles
mais rápido vão embora.

Se retirar de mim a **aparência**,
o **ego**,
e as **certezas**
sobra um menino de barro
assustado
e curioso.

Eu componho
para que tudo que me acompanha
se decomponha
e vire flor.

E me atrevo
a dizer que tudo que eu escrevo
se torna trevo
e vira amor.

Você é tão incrível
que "ser linda"
é o de menos.

Você nunca vai conseguir sair de dentro de você.
Então o quanto antes arrumar a bagunça de seu coração,
mais tempo de qualidade terá,
convivendo consigo mesmo
na sala de estar que é ser você.
Enquanto você não resolver suas questões
isso te acompanhará.
Quanto tempo mais você está disposto a aguentar?

Enjoei desse flerte chato.

Eu quero conhecer gente legal

que acrescenta

e deixa ser acrescentada,

que queira me conquistar

mesmo depois de ter conseguido.

Eu me encanto pelo jeito da pessoa,

não pelo joguinho que ela faz.

Existe um nível de intimidade tão profundo, que a pessoa começa a entender como funcionam as suas crises. Ela entende como começam, quando e por que começam. Mas, principalmente, ela sabe que isso passa e te ajuda a sair delas. Seja fazendo um bolo, te deixando só por um tempo, falando a coisa certa que você precisa ouvir ou te dando aquele abraço único.

Ela sabe coisas sobre seu coração que você ainda está descobrindo.

A morte,
para quem fica,
é a distância infinita que existe
entre um ponto
e **nenhum outro.**

A simplicidade é confortável.
Eu caminho e ouço tantas filosofias que prometem a felicidade futura
e a tranquilidade no amanhã,
mas a vida simples é o único caminho que me garante a recompensa hoje.
Um bolinho de chuva
e um alívio de paz.
Ser simples é ser feliz agora.
Agradecer o hoje,
e **tanto faz**.

p.s.: aceito convites para comer bolinho de chuva.

Amadurecer
é aprender a se apaixonar
sem se tornar refém.
Conseguir curtir,
se entregar
e viver bons momentos
sem colocar nosso coração e autoestima nas mãos da outra pessoa.
Dá para viver com intensidade
sem perder o controle.

Eu detesto poesia.

Desde quando aprendi a pensar

e sentir

eu sinto demais,

sinto tudo demais.

Minha poesia é um conta-gotas de mar,

é uma ampulheta de deserto.

Antes que eu perceba o sentimento já está me causando gastrite.

Por isso eu odeio poesia,

porque eu não tenho escolha.

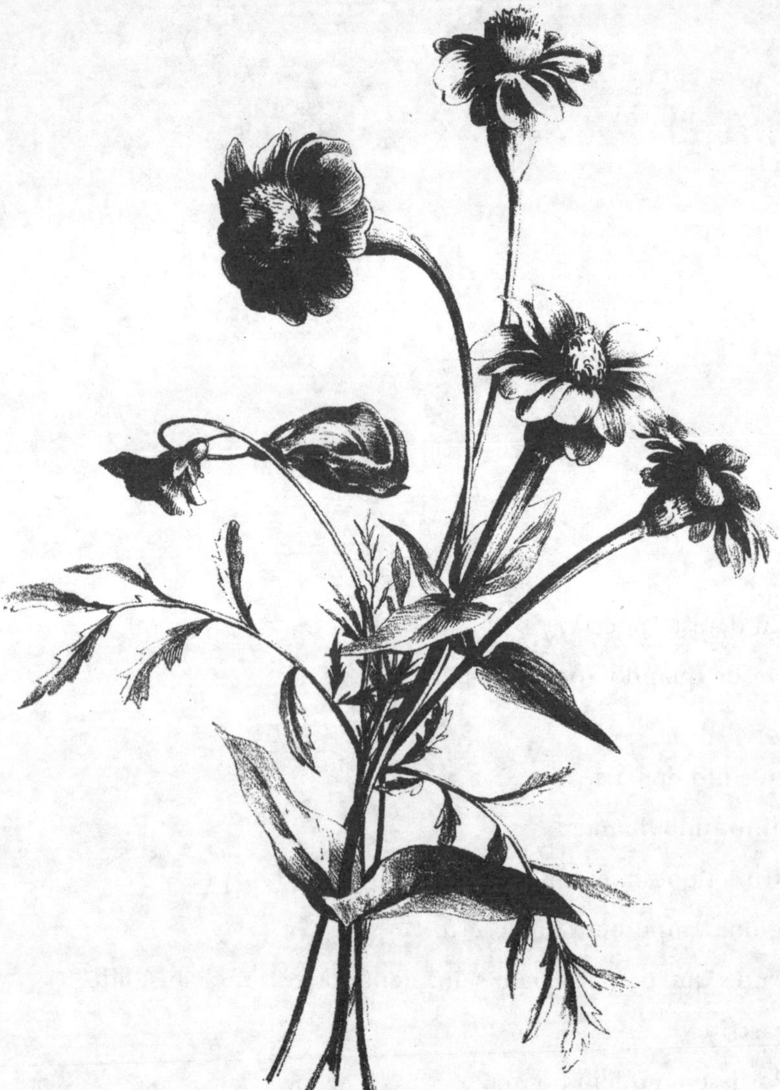

Não deixa sua baixa autoestima
fazer tudo desmoronar
a cada situação ruim que se forma à sua frente.
Se uma coisa deu errado,
não significa que todo mundo te odeia,
que suas conquistas não são importantes
e que tem um meteoro a caminho.
Às vezes o céu se fecha
e ameaça tempestade,
mas vai embora naturalmente com o vento.

Para mim
dia útil
é o que eu passo
com você.

Todos olhavam para cima
procurando Deus
enquanto Ele,
distraído e gargalhando,
brincava com a criança no balanço.

Comparação é máquina de frustração.

Se comparar é se diminuir.

A gente sempre se compara com quem achamos ser maior ou melhor que a gente.

Pare de se comparar com os outros e comece a se perceber como parte da natureza,

vai perceber que é também orgânico.

Nem melhor,

nem pior,

é tão livre quanto o vento,

tão grande quanto o céu,

tão cíclico quanto a flor

e **tão mortal quanto tudo.**

Eu mereço um amor sólido
e que me dê segurança,
não esse seu sentimento incerto
que ora me **afaga**
outrora me **afoga**.

O que você fez foi covardia,
despertou o meu amor
de forma intencional
mesmo sabendo que não ia ficar.
Me prometeu o Sol
e me deixou só,
na chuva.

Eu sei que você quer que todos fiquem bem.

Que você preza pela felicidade e bem-estar de todo mundo.

Que se depender de você, ninguém sairá da própria zona de conforto. E isso é lindo.

Mas às vezes você acaba se machucando para que ninguém se machuque.

Você toma para si as dores de todo mundo. Entenda que às vezes é simplesmente impossível que todo mundo saia ileso.

Não fique se negando em prol do conforto alheio todo dia, em todas as ocasiões. Isso vai fazer você diminuir, diminuir, até desaparecer.

E quando finalmente sua luz se apagar por completo, tudo ao seu redor perderá a cor.

Inclusive as pessoas que você sempre quis salvar.

Eu me sinto como uma laranja descascada.

Todas as outras frutas têm casca,

a banana, a mexerica, o limão,

todas protegidas em suas texturas.

Mas eu me sinto descascada,

pele a pele, vulnerável.

Precisei me descascar para escrever cada poesia,

meu poema é o suco de minha alma.

O que sobra é o que sou,

eu sou o bagaço de meus poemas.

viver
é **brincar de impermanência.**

Procure amar só o que te faz bem,
porque amar o que te fere
é puro apego à autodestruição.
E a autodestruição é uma espécie de vício,
uma maneira de se punir,
porque acredita que merece ser punido.
Não merece, acredite em mim,
eu te amo.

Quando quiser fugir, fuja.
Quando quiser conversar, converse.
Não acumule sentimentos, não guarde o que está sentindo.
Põe para fora. Sentimento reprimido se esconde dentro da gente e depois fica difícil de achar. Vai ficando pesado e a gente nem sabe o porquê.
É tudo sentimento acumulado.
Faça o que tem vontade, para não carregar mais isso e deixar no passado, para que daqui a dez anos nem se lembre disso.
Essa carga emocional que carrega hoje podia ter ficado numa conversa de alguns anos atrás.
Faz agora e se resolve
para continuar o caminho sem essas pedras escondidas na tua mochila.

O OLHAR DE MINHA MÃE PARA MIM

Eu já devo ter olhado para os olhos de minha **mãe** pelo menos umas dez mil vezes, visto que passei grande parte da minha vida ao seu lado.

E juro que não me lembro de uma só vez em que nossos olhares se encontraram e ela não sorriu.

Existe um sorriso no olhar de minha **mãe** que olhar nenhum no mundo tem. Existe um amor profundo que ressalta no silêncio desse encontro.

Pelo menos uma centena de vezes ela já tenha me olhado com repreensão, mas não me lembro desse olhar como me lembro dos outros. Existe um céu infinito de carinho. Existe uma verdade profunda de algo igualmente profundo na imensidão do olhar de minha **mãe** para mim, e todas as vezes que te olho nos olhos, ainda que sem querer, eu posso ver por uma fração de segundos todo amor que existe no mundo.

O seu olhar para mim é a coisa mais forte que eu já vi. É uma luz tão brilhante, que tudo o que não é luz desaparece.

O seu olhar desarma e me deixa nu.

O seu olhar revela o mais íntimo eu que existe em mim.

Quando eu olho nos olhos de minha **mãe**, ela sempre sorri. E o seu sorriso me lembra que existe amor no mundo, e que existe mundo, e que eu existo.

Quando estou em minhas trevas e em minha melancolia, recuso olhar em teus olhos, e almoço de cabeça baixa, porque a luz do teu olhar sempre mostra a insignificância de qualquer dor que eu possa ter, e às vezes eu quero sofrer.

O seu olhar para mim é a única prova que tenho de que Deus existe.

O seu olhar para mim é uma cortina que esconde o céu.

O seu olhar para mim é todo amor que preciso.

Toda luz que eu tenho na alma é um reflexo do seu olhar para mim.

Eu sou feito de tudo o que é profano.

A única coisa que em mim é sagrada

É o olhar de minha **mãe** para mim.

A poesia é um susto e só,
e os poetas procuram demais o sentido oculto das coisas.
Mas se a palavra não me soar tão natural quanto um
beijo de língua
ou um soco na cara
ou uma garrafa de vinho
ou qualquer outra coisa que não requer explicação,
então perdeu a razão de ser.
Ou a poesia faz sentir
ou não faz sentido existir
quanto mais **poético** soa
mais incompetente era o poeta.

Dentro de meus olhos
existe um pequeno espelho,
e quando você me olha profundamente
consegue ver por uma **fração de segundos**
o seu reflexo
junto a todo amor que sinto por você.
O brilho de meus olhos
se mistura à sua imagem
e o que você vê
é exatamente o que eu vejo,
a pessoa mais incrível que já conheci.

Eu nunca vou vencer na vida.

Porque não estou competindo com ninguém,

eu vou vivendo a vida

de mãos dadas com quem estiver comigo

e aproveitando cada cheiro e cada textura que estiver pelo caminho.

Quanto àquele que está competindo,

chegará ao final da vida

procurando um pódio,

e estará sozinho.

Eu amo o seu
"Tô pronta".

Você ama o meu
"Tô indo".

Ama quem pode

agradece quem tem sorriso.

Onde está seu coração agora?
Se ele está aí com você,
então está tudo bem.
Todo problema só é problema
quando leva nosso coração para outro lugar.
Você sempre pode respirar fundo
e pegar ele de volta para você.
Quem controla a própria respiração
controla a vida toda ao seu redor.

p.s.: respira fundo.

Tem dias que deixo minha melhor versão de lado
e visto minha versão possível,
nada de errado nisso,
o melhor de mim tirou folga hoje.

Respeite a sua
transição
igual as **flores** respeitam
cada estação.

FLORES E PEDRAS

Meu pai apareceu em minha janela de noite e disse: "Eu estava pensando numas poesias e escrevi essa aqui... vê o que você acha" e me entregou um guardanapo dobrado com algumas frases e uma marca circular de umidade de algum copo. Minha felicidade não foi só por ter um pai amoroso, mas por saber que ele confia em mim a ponto de mostrar seu lado mais frágil, mesmo sendo um homem rústico e embrutecido pelas dificuldades da vida.

Se você visse meu pai, dificilmente diria que é um homem delicado e sensível, pois não aparenta ser, é de uma geração que não se podia aparentar ser. Mas é.

Ele fez questão de ler em voz alta sua poesia enquanto seus olhos se enchiam de lágrimas, e depois ficou alguns minutos explicando o que queria dizer com aquelas palavras.

Um fim de tarde qualquer, ele foi até o vaso de plantas de minha mãe e cortou um pequeno pedaço do caule da roseira. O pedaço que tinha mais espinhos. Pegou a ponta de uma caneta e acoplou no bico do caule espinhento da rosa, criando uma espécie de caneta feita de planta cheia de espinho. Era impossível segurar a caneta sem sentir os espinhos começando a te perfurar. Ele me deu de presente e disse que ela representava a dificuldade que temos em demonstrar nossas emoções e como é doloroso expor nossas fraquezas e falar sobre nossos traumas. Como colocar nossos sentimentos no papel e lidar com nosso íntimo pode ser agonizante.

Escrever é sangrar, mas às vezes sangrar é preciso. Às vezes sangrar desinflama.

Eu entendo o que ele disse, e entendo mais ainda o porquê de ele dizer isso. Não foi fácil ser ele. Assim como não é fácil ser você, eu acredito. Mas não deixe suas flores cristalizarem e virarem pedras.

Por fim, **eu te amo, pai.** Só sou poeta porque tu és poesia.

Tentar matar a saudade
pelo *WhatsApp*
é como beber água salgada,
**só aumenta minha sede
de você.**

Às vezes a gente sente uma vontade de algo que não tem nome.
É um sentimento de "sei lá",
é um querer sentir a aventura e a novidade,
vontade de jogar para o ar essa rotina sem graça.
Experimentar um entusiasmo novo,
algo que faça o coração vibrar, sabe?
Esse negócio sem nome faz falta.

Ansiedade
é sofrer por antecedência
tragédias que nunca acontecerão.

Eu gosto de observar.

Eu observo as formigas,

as pessoas

e as estrelas.

Não sei quem está mais perdido.

Sua presença não é simplesmente tolerada,
sua presença não é um peso para os outros,
sua presença não é um incômodo,
sua presença não é uma inconveniência,
sua companhia não é esse problema
que sua autossabotagem diz que é.
Estou feliz que esteja aqui.

Minha boca navega em seu corpo
sem mapa ou pressa de achar.
Para encontrar sua pintinha escondida,
eu sou pirata
em seu corpo mar.

A indiferença passa por cima,
doa a quem doer.
Mas amor é doação,
doa a quem
doar.

Ela brava,
eu besta.
Ela briga,
eu beijo.
Ela ri,
euforia.

Seu sotaque
é um mel a mais que sua voz tem.
Seu sotaque
é um ponto turístico na sua fala.
Seu sotaque
tem gosto de comida típica.
Seu sotaque
me faz carinho quando você fala.

p.s. seu sotaque me dá vontade de viajar
em você.

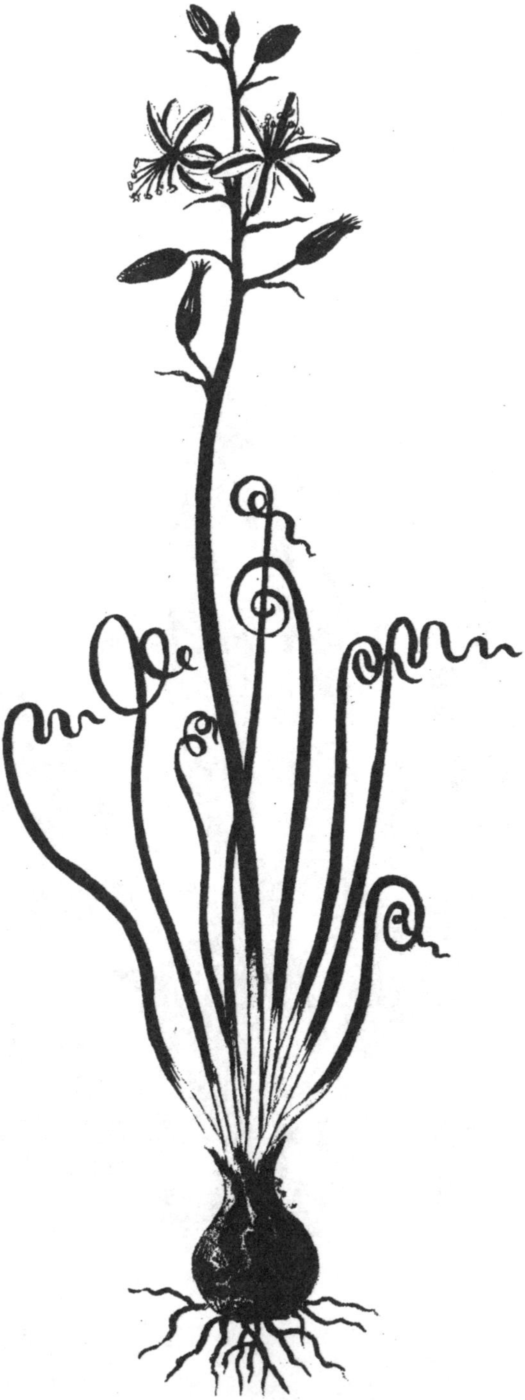

Você julga a dor do outro como
"tempestade em copo d'água"
porque não viu
como essas nuvens se formaram.

Aqui jaz o silêncio.

E eu posso ser tudo, menos normal.

Escrevo porque me obrigo a escrever,

se pudesse escolher, não estaria aqui.

Estaria jogando videogame ou na balada com a galera.

Mas parece que faço questão de encarar o silêncio.

Na verdade, não tenho nem videogame,

nem galera.

Eu só vejo as transgressões,

e eu sou uma delas,

distante, mas sou.

E você vai me encontrar nos lugares mais improváveis

possíveis.

Quando escrevo, as palavras perdem o sentido, como uma

esponja suja mergulhada em água limpa.

Assim que escrevo, já esqueço.

Eu queria vir sozinho, por que trouxe o Pedro Salomão?

Essa inimizade não existe,

ainda bem que eu tenho a mim mesmo.

Pare de se cobrar pelas escolhas que fez no passado.
Você fez o que achou certo
com a maturidade que tinha,
e foi isso que te fez crescer.
Hoje você caminha em águas
que antes não davam pé.
Se não fosse como foi,
não seria como é.

Eu escrevo

para que quando eu morrer

me deixem morrer em paz.

Eles irão se apegar às minhas palavras

como se elas fossem eu,

enquanto eu me torno novamente

o que outrora fui.

Eternamente,

silêncio

e terra.

Manual para se relacionar com artistas

Se relacionar já é complicado por natureza, mas se relacionar com artista é um pouco mais complexo.

Se você quer algumas dicas para se relacionar com um poeta, uma escritora, um fotógrafo, uma desenhista, um dançarino, uma instrumentista ou qualquer outro tipo de artista, saiba que existem algumas coisas específicas nesse tipo de pessoa, um "mal de artista", que você precisa conhecer.

Eu vou listar algumas coisas que tenho percebido e que podem te ajudar:

1. Se você é a primeira pessoa a ver a arte dela, saiba que você é muito especial!

Dê valor a quem mostra para você a arte que faz, despir a alma é mais íntimo que despir o corpo. Quando a pessoa artista faz alguma coisa, ela coloca toda a sinceridade naquilo, é algo muito íntimo, é como se estivesse com o coração exposto! Se você é a primeira pessoa a quem ela mostra a arte, seja uma poesia, uma música, uma foto, um vídeo, um desenho, uma dança ou qualquer outra obra de arte, saiba que ela confia muito em você.

2. Artista gosta de apreciar a solitude

Ficar sozinho é precioso para a pessoa artista, é quase como um ritual. A cabeça de artista é um turbilhão, e ela precisa ficar sozinha hora ou outra para conseguir filtrar suas ideias, refletir sobre si mesma, acalmar a ansiedade. Não é que ela não queira ficar com você, a pessoa só precisa de um tempo só para ela.

3. Artista tende a ser uma pessoa dramática com seus sentimentos

Pode ser só uma tristeza momentânea e sem sentido, ela vai mergulhar na melancolia, vai fazer daquilo uma novela, vai lamentar a vida, vai ouvir música triste e chorar. Artista não consegue sentir pouco, todas as emoções são levadas a sério. Mas isso passa. Assim como esse sentimento chegou, ele vai embora.

4. Ou a pessoa está superentusiasmada ou totalmente desinteressada

Artista precisa viver tudo com muita emoção, sua alma é movida pela paixão. Ou ela ama o trabalho ou odeia, ou às vezes ama e odeia ao mesmo tempo. Ou ela adora algum filme ou acha o pior filme do mundo! Artista não consegue viver muito tempo fazendo alguma coisa que não lhe cause entusiasmo!

5. Nunca critique sua arte assim que ele terminar de criá-la

Essa é muito importante. Quando uma pessoa artista acaba de fazer alguma coisa, está apaixonada pela sua obra! Se ela pede sua opinião, não quer saber mesmo o que achou, quer apenas mostrar para alguém e receber um elogio. Sorria e acene! Se você tem alguma crítica para fazer, espere algumas horas para comentar, e faça com muita delicadeza; qualquer crítica ácida será levada para o lado pessoal e isso pode ferir sua autoestima profundamente. (Vide itens 1 e 3)

6. Cada dia uma novidade

Gostar das mesmas coisas sempre, fazer sempre igual, rotina, não são coisas de artista! Se relacionar com artista é saber que a pessoa virá cada dia com uma novidade, com um gosto musical diferente, com um hobby novo, um estilo diferente de se vestir. Ela terá muitas fases diferentes. Ela precisa experimentar o novo.

7. Artista vive em função do sonho

A pessoa artista é uma sonhadora, ela vive em função do sonho, trabalha em função do sonho! Você tem que sonhar ao lado dela, lidar com artista é ser parceiro de sonho, é para construir junto!

Bom, espero ter ajudado você a compreender melhor essas pessoas tão profundas. Apesar disso tudo, não desista! Se relacionar com artista pode ser complicado, mas vale a pena se aventurar no mundo novo que é o coração dela.

O que aconteceu comigo?
Eu me lembro de escrever poemas e colocar fogo no papel
para que aquela fumaça preta levasse meus versos até você.
Por que hoje eu estou preocupado com o número de likes?
Minha poesia sempre foi de papel e sangue.
De onde veio essa necessidade de aprovação de algo que era
o meu universo particular?
Eu conversava com o infinito,
por que estou preocupado com a opinião da editora?

Ninguém me exige nada,

mas **eu** me cobro.

E isso já é o suficiente para foder com tudo.

Eu não preciso de alguém para me sabotar,

eu me basto.

Tudo o que **eu** escrevo é sobre mim

porque **eu** não ligo para mais ninguém.

Em sua pele perfeita,
a minha barba malfeita
é desfeita e bagunçada.

A minha barba é arranhada
enquanto as palavras saem,
a sua pele é macia,
nossos opostos se atraem.

Em seu corpo
minha boca é abelha,
que paira com calma e calor.
Na sua espinha, eu sou espinho,
e no seu corpo, eu sou um caminho,
até encontrar a flor.

Você se deita de costas na cama,
e se entrega para eu te descobrir,
te descubro e cubro com beijos,
cada passo em seu corpo é sorrir...

Pelos pés, eu começo e me perco,
me encontro em locais de parada,
e com a cama já desarrumada,
arrepios de pele atiçada...

Em seu pescoço,
a minha barba é encaixada,
seu alvoroço,
seu tudo, e mais nada...

Seu corpo é tela,
minha boca é pincel,
seu corpo é poema,
é palavra,
é papel.

Fazendo as pazes com a vida

A perda vai te ensinar a seguir em frente. Ela vai te ensinar muitas coisas sobre si, mas, principalmente, ela vai te ensinar a seguir em frente. Você não terá outra escolha. Não tem outra escolha, apenas respirar fundo e aceitar. E seguir.

Eu já estava de luto havia vários meses, e não aguentava mais chorar. Ter perdido meu melhor amigo em um acidente de carro foi uma porrada forte demais para mim. Ele havia me ensinado tudo o que eu sabia sobre palhaços de hospital, éramos parceiros nisso, agora tudo tinha perdido o sentido.

Eu havia me permitido sofrer e acinzentar minha vida durante esse tempo, pois é preciso respeitar nosso sofrimento, mas já estava ficando pesado demais, e eu queria voltar a sorrir. Era preciso ressignificar a perda, era preciso me encontrar de novo.

Eu fugi de casa, da cidade e de todas as pessoas que eu conhecia, e caí na estrada em busca da novidade para ver se me encontrava.

Depois de algum tempo provando o doce gosto da solidão na estrada, me via em uma cidade alternativa, cheia de lojas de cristais e pessoas de *dread* no cabelo. Eventualmente eu estava conversando com alguém, mas o caminho era sempre solitário. As pessoas cruzavam meu caminho e logo se despediam. Eu sempre acordava só, sempre dormia só.

Certo dia de sol, eu caminhava por uma longa e vazia estrada, quando me deparei com uma trilha que entrava e sumia na mata. O mistério me convidava a entrar, mas eu estava com medo, não sabia o que poderia me esperar naquele misterioso caminho. Tinha apenas uma laranja e um cantil com água. Minha mochila havia ficado na quadra desportiva da prefeitura onde eu estava dormindo. Entrei na trilha e comecei a seguir seu caminho, observando pelo menos uma dezena de flores que nunca havia visto na vida.

O caminho era lindo, e ia passando por morros com a mata fechada e apresentando paisagens cada vez mais bonitas e cheias de vida.

A caminhada durou uns quarenta e cinco minutos, até que cheguei em um córrego com uma pequena queda-d'água, no meio da mata. Quase não dava para ver o céu, por conta da copa das árvores, era um córrego pequeno, mas dava para nadar. Assim que cheguei, percebi que todos os animais que estavam lá saíram correndo. As borboletas que estavam dançando como quem dança no quarto foram embora. As araras que comiam as frutas nos galhos saíram voando e gritando. Todo mundo foi embora, e eu me sentia como um intruso que atrapalhou a festa. Sentei-me em uma pedra e fiquei em silêncio.

Eu observava tudo, enquanto o barulho da água corrente acalmava meu coração ofegante da dura caminhada. O tempo foi passando e eu não me mexia, apenas observava, não queria desequilibrar aquele sistema tão organizado e vivo. Depois de algum tempo as borboletas começaram a voltar, e depois as araras, e o movimento dos animais nas árvores passou a ser cada vez mais frequente. Por fim me sentia parte daquilo! Eu não era mais um intruso, agora fazia parte daquele lugar, fazia parte da natureza como eu sempre fiz, como nós sempre fizemos.

A vida ali estava acontecendo, e eu me peguei a pensar sobre isso. Percebi que toda aquela variedade de flores que eu nunca havia visto, todas aquelas borboletas, aves e árvores só existiam porque debaixo delas havia matéria orgânica. Para sustentar toda aquela vida, havia um substrato das vidas que já se foram, de seres que morreram e foram decompostos. Terra, barro. E isso é um ciclo infinito, muito maior e mais antigo do que eu. Não fosse aquele solo cheio de matéria orgânica decomposta, cheio de folhas secas que caíram, não haveria vida alguma. Só existe vida porque existe morte. Quem sou eu para questionar esse ciclo maravilhoso da vida?

No meu coração havia muita matéria orgânica, natureza morta da saudade do meu amigo, de tudo o que tínhamos vivido juntos, de todas as histórias e de tudo o que eu sentia por ele. Tudo isso já deu tempo de decompor e virar solo. Portanto, havia um terreno fértil em meu coração, e qualquer coisa que eu plantasse germinaria, então **decidi plantar poesia.**

Eu comecei a chorar, sozinho ali (embora não tão sozinho agora). A floresta me acolhia como parte dela, e eu me sentia filho daquela água que caía, como se a vida e a verdade me abraçassem. O silêncio daquele lugar curou o meu luto. Pedi desculpas por ter reclamado tanto. Finalmente respirei fundo. Finalmente sorri.

Para voltar ao lugar onde estava dormindo, eu precisava fazer a trilha toda de volta e ainda conseguir uma carona, e já estava começando a escurecer. Eu terminei a trilha e caminhei até um pequeno distrito que havia ali perto para jantar, pois não conseguiria continuar a jornada sem comer. Comi em uma barraquinha, observei o pequeno movimento de turistas que caminhavam por ali e segui até a estrada em busca de carona.

Já havia anoitecido. A estrada era longa e sumia no horizonte, e eu caminhava devagar e pensando em tudo. O céu acima de mim era estrelado como nunca tinha visto, uma noite quente como minha alma estava.

Confesso que comecei a ficar preocupado depois que o quinto carro passou e não me deu carona. Quando as luzes do último veículo sumiu no fim da estrada, eu me encontrei novamente com aquele silêncio ensurdecedor da estrada vazia.

Sempre caminhando. Percebi que minha água tinha acabado, e que se ninguém me desse carona eu estaria perdido, pois teria que caminhar pelo menos trinta quilômetros até a próxima cidade.

Ninguém sabia onde eu estava, ninguém estava me esperando. Eu não tinha nem água, nem compromisso, nem companhia, nem carteira de trabalho, nem relógio, nem nome. Só havia eu. Eu enquanto corpo que caminhava.

Eu estava livre, simplesmente livre, desesperadamente livre. Eu e o céu. E as estrelas. E o vento. E a estrada. E os grilos. E a vida.

Toda a minha angústia, saudade e medo foram se transformando em paz. Uma paz inexplicável que eu nunca havia sentido. Uma paz que só o céu nos dá, e que nos abraça e faz a vida valer a pena mesmo sem sentido ou propósito. Uma gratidão em estar respirando. Meus olhos novamente se encheram de lágrimas quando eu olhei para cima e senti que a vida estava me dizendo: "Você estava me procurando? Então, aqui estou eu!". Eu ria e chorava de gratidão e euforia. E só quando me despi de tudo, só quando perdi todas as certezas que tinha, e tudo o que eu era, finalmente fui tomado por um profundo sentimento de prazer em estar vivo.

Caminhei mais um pouco e um carro parou e me ofereceu carona. Quando entrei no carro, um homem de meia-idade me olhou e perguntou: "Está indo para onde?". Eu sorri e não soube responder. Eu já estava onde queria estar, no caminho. Na aventura. Na vida.

Eu me encontrei quando me perdi, e finalmente fiz as pazes com a vida.

Hoje, quando eu vejo os lugares onde minha arte tem chegado, percebo que a poesia que plantei em meu coração germinou, virou jardim, e depois cresceu tanto que perdeu o controle e virou floresta. E passarinhos vêm comer de minhas frutas e levar as sementes para outros campos. E pessoas vêm passear nessas trilhas e cachoeiras que se formam nos meus versos. Eu virei floresta porque aceitei o fim e entendi o ciclo.

Obrigado por se perder comigo.

vi a vida
quando vi
que veio
me ver!
Virei Sol
e tudo
virou
verão.

Eu poderia ser de outro jeito,
eu poderia ser de tantos outros jeitos,
mas eu sou assim,
essa versão frágil,
dramática
e sensível de mim.
Eu sou minha versão possível,
defeituosa,
mas infinitamente
real.

As folhas secas da árvore precisam cair
para as novas folhas nascerem.
Como seria confusa a primavera de uma árvore que não se renovou no outono,
que não passou por um período árduo de esvaziamento.
É um ciclo que sempre te faz crescer
mesmo que momentaneamente te diminua.
Você deve deixar cair as folhas.
Quem se apega demais às folhas velhas
nunca terá energia para dar frutos.
Deixe as folhas serem levadas pelo vento
para que suas raízes se aprofundem mais a cada estação.

Aquela foto
com cara de tédio
que me mandou
para mim é poesia.
Eu salvei a foto,
e você salvou
meu dia.

p.s.: saudade de você.

Os homofóbicos têm medo.
Fobia de perceber que suas duas cores não conseguem resumir uma sociedade tão **colorida**.
E eles preferem tentar resumir o Universo para que caiba na caixinha de fósforo de seus costumes
do que aceitar que no coração e no estojo das pessoas
tem mais lápis de cor do que só o **azul** e o **rosa**.
Por trás de um discurso que parece inofensivo,
tem muito olho **roxo**
e sangue **vermelho**.
No fundo, eles não estão preocupados com as meninas de **azul** e os meninos de **rosa**,
eles só têm medo de perceber
que nem todo mundo tem a alma **cinza** como a deles.

O seu amor pelo outro
tem que te fazer se amar
proporcionalmente.
Melhor que falar
"eu te amo"
é falar
"eu amo a gente".

Quem sou eu?
depende
de quem está perguntando,
de onde estou,
da música que estou ouvindo,
da estação do ano,
e de **quanto tempo faz
que eu estou
sem comer.**

p.s.: principalmente a última.

Por cada pessoa que te fez chorar,
um sorriso e uma troca de olhar.
Para te fazer esquecer o passado,
um beijo bem demorado.

Para cada lágrima que já caiu,
eu te puxo pelo quadril
e te prometo frios na barriga
por cada promessa que não foi cumprida.

Toda mente humana
é um ser eterno que certamente morrerá em breve.
Quanta liberdade me permite o ato de escrever!
Eu adoro ferir o papel com a tinta
desculpe-me, papel, pelas facadas.
Eu finalmente posso me escorrer,
é como fumaça saindo da panela
que pega carona com o vento e foge pela janela.
Eu te amo com todo vapor de quem sente.
Para literatura, a realidade é uma piada!
Eu sou o erro da criação
e estou correndo pelado pela cidade.
Por fim, escrever é sangrar.
Eu tento falar comigo mesmo
o que ninguém tem paciência de escutar.

"Uma mão tão pequena
e outra tão grandona,
como podem se encaixar tão bem?"
"Você come mais que eu
e tem metade de minha altura."
Pelo jeito
a lógica do amor
não segue regras de proporção.

Como é bom poder escrever sem a preocupação de ser compreendido, de ser mal interpretado.
Escrever à mão, errando o português de forma porposital.
Escrever só para acalmar o coração, só para fortalecer os dedos e as ideias. Escrever para parar e eternizar ao mesmo tempo.
Quando se escreve por escrever, saem os melhores textos, as melhores passagens, as melhores histórias...
Talvez a vida seja assim também. Quando se vive sem a pretensão de agradar, sem o medo de errar, sem a ansiedade de ser mal interpretado, se vive como criança, se vive a melhor face da vida.
A vida é um rascunho de improviso, se divirta enquanto vive, não haverá versão final.
A vida é escrita à mão e à caneta.

**Não escrevo para ser lido,
eu escrevo para ser livre.
Não viva para ser lido,
viva para ser vivo.**

O pássaro canta por rebeldia
mais livre que todos nós.
Nossas gaiolas têm cheiro de casa,
parece uma casa,
mas não é casa, é ideia.

O pássaro canta por bom-dia,
nós levantamos por obrigação.
A vida parece trabalho,
tem cheiro de trabalho, relógio de trabalho,
Mas não é trabalho, é ideia.

O pássaro canta por euforia
nós sabemos o que é isso?
Euforia tem cheiro de dia do pagamento,
mas não é pagamento, é ideia.

O pássaro canta por poesia,
não a minha,
A poesia de verdade.
A minha tenta ser, mas é ideia.

O pássaro canta porque está vivo.
O homem me cheira a miséria,
não faz a vida, não faz o canto, não faz sorriso,
não faz ideia.

As mulheres choram água de coco?

Faltavam cinco minutos para acabar o recreio, e eu estava observando minhas alunas da Assistência Social brincando de bate-mão enquanto cantavam uma música que sincronizava com seus complexos movimentos. Quando eu era criança, também brincava disso, mas era com outra música, "Babalu da Califórnia", e tinha outros movimentos.

Uma das meninas, a menorzinha, tinha perdido os dois dentes de leite da frente, e isso a tornava ainda mais fofa. Ela tinha um monte de pulseiras coloridas e sempre que falava algo (e falava muito) dava pequenos pulos de euforia.

Ela me olhou e me convidou para brincar com ela, me ensinou alguns movimentos para bater contra suas pequenas e delicadas mãos, mas eu não consegui decorar. Tentei ensinar para ela a minha versão da brincadeira, porém ela não conseguiu decorar também. Foi quando eu falei, para provocá-la:

– Você não sabe ser criança!

Ela colocou uma mão na cintura, jogou o quadril para o lado, me olhou com cara de debochada, e respondeu:

– E você não sabe ser adulto!

O mundo parou. A crise existencial se instaurou na hora! Foi a resposta mais genial que já ouvi. Nós começamos a gargalhar juntos, ela ria da minha cara e eu ria por ter levado um fora incrível de uma menina de sete anos. Ela estava certa, eu não sabia ser adulto, acho que ainda não sei.

Naquele mesmo dia, dentro da sala de aula, eu estava organizando uma dinâmica teatral quando, absolutamente do nada, a mesma aluna me chama na mesa dela. Eu prontamente fui até ela e me ajoelhei para ficar da mesma altura da mesa. Ela me olhou profundamente nos olhos, e com uma cara séria me perguntou:

– Professor, as mulheres choram água de coco?

Fiquei sem reação, apenas arregalei os olhos e sorri para ela. Nem Fernando Pessoa, no auge de sua criatividade e senso poético, faria uma pergunta tão sensível como essa! Fiquei muito impressionado com aquela pergunta, com aquela singeleza e com aquela visão poética do mundo. Eu disse:

– Você já experimentou suas lágrimas?

– Sim – ela respondeu.

– Que gosto têm?

– É salgada – disse prontamente.

Olhei para os olhinhos curiosos dela e não soube responder. Não soube dizer que as lágrimas são uma secreção límpida, incolor e salgada, produzida pelas glândulas lacrimais, que limpa e umidifica a conjuntiva e a córnea. Eu não podia enterrar a beleza daquela pergunta. Talvez a gente tente demais ser artista, se esforce demais para criar as coisas e soar poético, enquanto a criança simplesmente é poesia. Respira poesia, sem fazer força.

Eu apenas sorri e disse:

– Eu acho que sim. Eu acho que as mulheres choram água de coco.

Quando você chegou
eu vi uma pequena e momentânea fração do que é,
não era você,
era um ensaio de quem você queria parecer,
mas por trás disso
existia um universo em expansão,
e eu me entreguei para que nossos infinitos
se comunicassem por explosão.
Mesmo assim
sei que te olho como quem olha para o céu
e enxerga
por uma fração de segundos
um céu que **é agora**
e que nunca mais será.

Lugar de criança é no Sarau
ou brincando no quintal,
porque todo arteiro
é um artista em potencial!

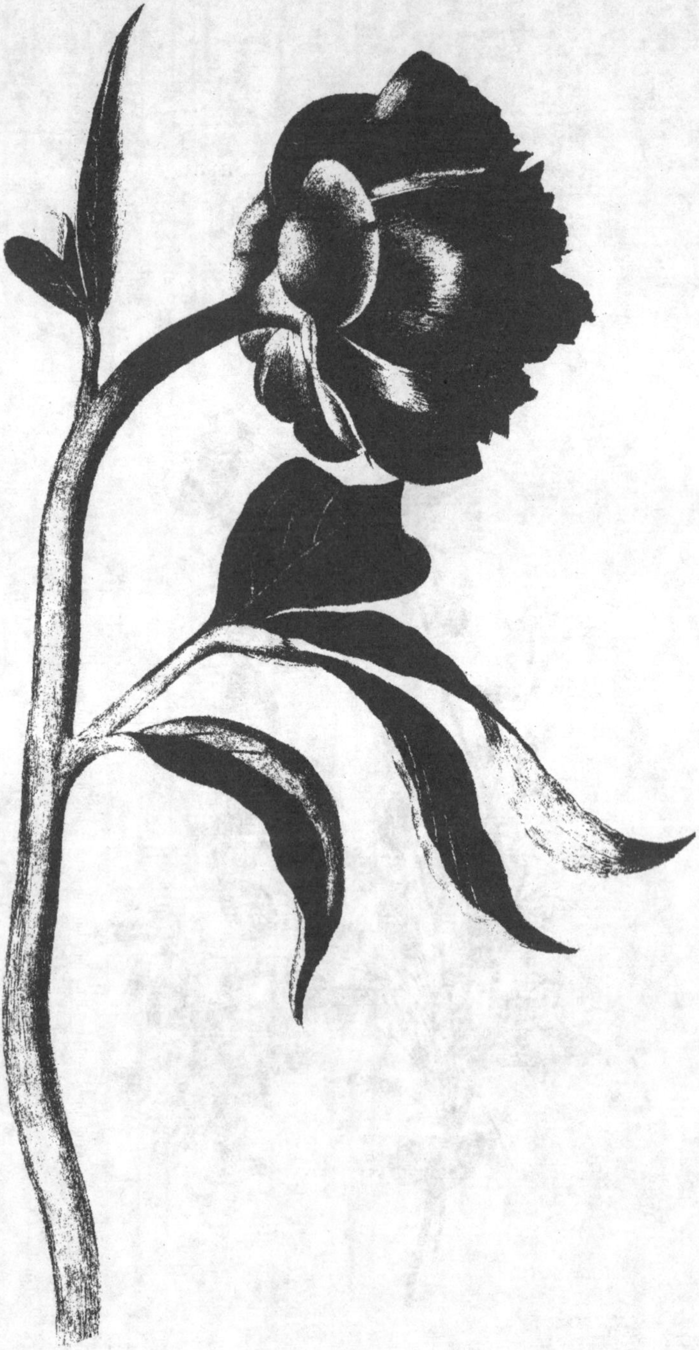

– Professora, posso ir beber água?

– Pode, mas vá correndo!

Que correndo que nada, eu vou devagarinho...

Sentindo o Sol e o vento

sentindo o chão, o caminho.

três minutos de liberdade

sem estar sendo vigiado.

Agora eu posso respirar

ouvindo o barulho das bagunças pelas janelas do corredor.

Jaulas, gaiolas. Aulas, escolas.

E eu estava indo beber água, mas minha sede era de silêncio,

de sorriso, de sossego.

Ainda que eu estivesse preso ao uniforme e aos muros

podia olhar para cima e ver o céu,

não ventiladores enferrujados.

Volto, pego a maçaneta. Respiro fundo.

Penso que queria estar brincando no quintal.

Mas agora só me resta

esperar pelo sinal.

Por não ter nada, nada podem me tirar.
Me tiram o vazio, e o que fica?
O grito deles não cala o meu silêncio,
minha voz é oculta, cochicha.
Ninguém entende o ruído de sua voz.
Por não lutar contra ninguém, mesmo que queiram, não serão meus inimigos.
Estou ocupado demais construindo meu castelo.
O ser é meu, intocável, imaculado.
Quem pode roubar o vazio?
Não sou nada.
Por não ser nada, de nada podem me julgar.
Por não ser nada, o todo pode me abraçar.

O mundo não está dividido entre
pessoas boas e pessoas ruins,
mas entre **pessoas que se esforçam para serem boas**
e as que não fazem questão.

A gente inventa tanto sabão em pó perfumado,
mas a camiseta recém tirada do corpo sempre carrega o
cheiro da pessoa, do contato com o calor da pele.
É algodão e epiderme.
A gente só consegue reconhecer o cheiro da roupa usada de
quem amamos. O cheiro das outras pessoas é sempre igual.
Eu confesso que tenho o costume de cheirar suas camisetas
usadas quando as esquece aqui. É sempre o mesmo cheirinho,
independentemente do sabão em pó ou perfume que tenha
usado, é sempre você. Eu reconheceria esse cheiro mesmo em
meio a outros mil.
É seu cheiro único de corpo.
E quando coloco sua camiseta usada no meu rosto, sinto seu
cheirinho de abraço.
É a sua roupa me beijando em seu lugar.

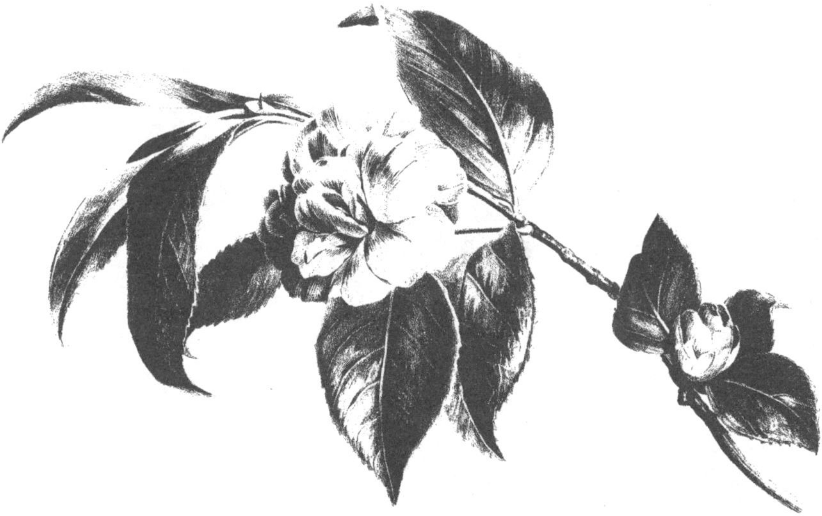

Eu não sei o que sinto por você,
só sei que gosto de sentir.
Isso me intriga.
Ouvir seu nome
me dá uma coisa boa
na barriga.

Eu amo sua intensidade.
Se não for para se entregar
nem adianta começar.
**Se não for para esmagar
nem adianta abraçar.**

Desde aquele dia
minha rotina tem sido
pensar em você
enquanto faço todas as outras coisas.

Eu sou corpo,

mas também sou alma,

e às vezes sinto que sou mais alma que corpo.

Quando estou em silêncio

percebo meus pensamentos desaparecendo,

acho que meu coração é solúvel em calma.

Hoje a vida me basta para ser feliz.

Eu entendi tudo

quando encontrei o nada.

Meu coração tá se sentindo complicado.
Eu sei o que sinto, só não quero explicar,
é complexo demais, você não entenderia.
Ou talvez tentaria entender e tiraria conclusões erradas sobre mim,
tentaria diminuir a profundidade do que sinto.
Só eu entendo,
só eu sei a história toda,
de tudo o que senti,
de tudo o que estou sentindo.
Eu não quero que você me entenda, só me abrace.
Porque o meu sentimento
é uma longa história.

Alguns dizem aos sete ventos
conhecer o caminho da verdade,
outros o vendem,
o explicam,
e o traduzem à realidade.
Um dia
porém
o silêncio ecoará:
nunca houve caminho algum.
Nada de fato existe.
Tudo é ideia.

A Lua viu morrer
todos os apaixonados que lhe juraram amor eterno.
Ela já não se deixa mais enganar
pelos seus poemas estúpidos.
Para você
sua poesia é especial.
Para a Lua,
não.

Posso morrer amanhã.

E estarei tão longe de você

quanto está Napoleão

ou Davi

ou qualquer pessoa que morreu sete mil anos atrás.

Estar perto é estar agora.

A morte é

em si

distância.

Porque a vida passa.

A morte, não.

Eu quero conhecer suas vontades mais profundas
e o seu lado mais sujo.
E que você se realize em mim.
Te conheço como gente,
mas quero te conhecer como **corpo**
e que faça o que sempre quis fazer
para que você seja apenas uma extensão do meu prazer.

Eu gosto do gosto
do corpo dela,
e nos experimentamos
por pura gastronomia.
Foi de lamber os dedos.

Organizei todas as cartas sobre a mesa.
Todas as minhas certezas ali,
criteriosamente enfileiradas.
Eu demorei anos para organizá-las assim.
Para deixar minha vida dessa forma e sob controle.
Aí você chegou como o vento
e bagunçou as cartas,
e jogou tudo no chão,
e virou a mesa,
e segurou minha mão,
e me puxou correndo,
e me levou para fora,
e me olhou nos olhos,
e me beijou na boca,
e me jogou pro alto,
e fez de mim essa **bagunça feliz**
que sou ao teu lado.

Se quer ser
é porque algo em você
já é.

Eu queria dizer que meu amor por você
é fogo que arde sem se ver,
mas já escreveram isso.

Eu queria dizer que o amor
comeu meu nome, minha identidade, meu retrato,
mas já escreveram sobre isso.

Pensei em escrever que
sinônimo de amor é amar,
mas já haviam escrito isso.

Então eu só quero que saiba
que você me faz sentir
todos os poemas de amor já escritos.

Toda choradeira é puro espetáculo.
Sempre que choro é para chamar atenção,
mesmo chorando sozinho no meu quarto,
é tudo um teatro
para que meu coração se compadeça de mim,
me abrace
e faça carinho.

Passarinho da gaiola,
dou-lhe uma condição:
em troca da liberdade,
guiarei sua migração.

Quero que migre pro Leste,
em direção ao oceano,
e leve consigo um beijo
para dar em quem eu amo.

Passarinho, passarinho,
passará frio na viagem,
entre pastos e planícies,
para-raios e pastagens.

Passarinho, passarinho,
passará pela mesmice.
Passarinho, passarinho,
diga a ela o que eu lhe disse.

Ao chegar nessa cidade,
procure pelo perfume
e pelo sorriso da flor
que logo de cara se assume.

Você a encontrará dormindo.
Em seu sonho, entre sem bater,
mas não faça muito barulho,
ninguém precisa te ver.

Passarinho, passarinho,
só assim te dou liberdade.
Passarinho, passarinho,
voe logo para aquela cidade.

Quando estiver em seu sonho,
faça-me de corpo presente,
e diga que vim voando
de Presidente Prudente.

Depois nos deixe sozinhos
para eu matar a saudade,
pegando seu cheiro na roupa
para levar na viagem.

Passarinho, passarinho,
essa foi a ideia que tive.
Te dou sua liberdade
para que eu também seja livre.

Pastel de feira

Se você quer conquistar uma pessoa, esqueça as roupas de marca, as cantadas e a ostentação. Chama ela para comer um pastel. Repara como é desajeitado quando a gente morde, é impossível comer um pastel com alguém sem sorrir, sem fazer caras engraçadas. **O encanto mora no frio na barriga.**

Se você quer conquistar uma pessoa, chama ela para ir ao mercado. Repara como ela escolhe as frutas, como ela as aperta, observa, cheira cada fruta. A gente se apaixona por esse jeito da pessoa agir. **O encanto mora no detalhe.**

Se você quer conquistar uma pessoa, chama ela para jogar conversa fora. Eu me apaixonei pelo seu entusiasmo em contar como hidrata o cabelo, pelo jeito que fala sobre a professora preferida e por me apresentar bandas que eu não conhecia. **O encanto mora na simplicidade.**

Se você quer conquistar uma pessoa, chama ela para ser livre, para ser ela mesma, para tirar as máscaras, para se sentir à vontade. Esqueça as técnicas, esqueça as falas prontas, esqueça o passado, esqueça o mundo.

Mas não se esqueça do pastel. O pastel é muito importante.

A ansiedade me tira a noção de realidade,
me faz ter certeza do absurdo,
pinta uma versão piorada de mim,
me faz interpretar errado,
e da pior maneira possível
oculta de mim o que é bom
**e sussurra que a formiga é
na verdade
um gigante.**

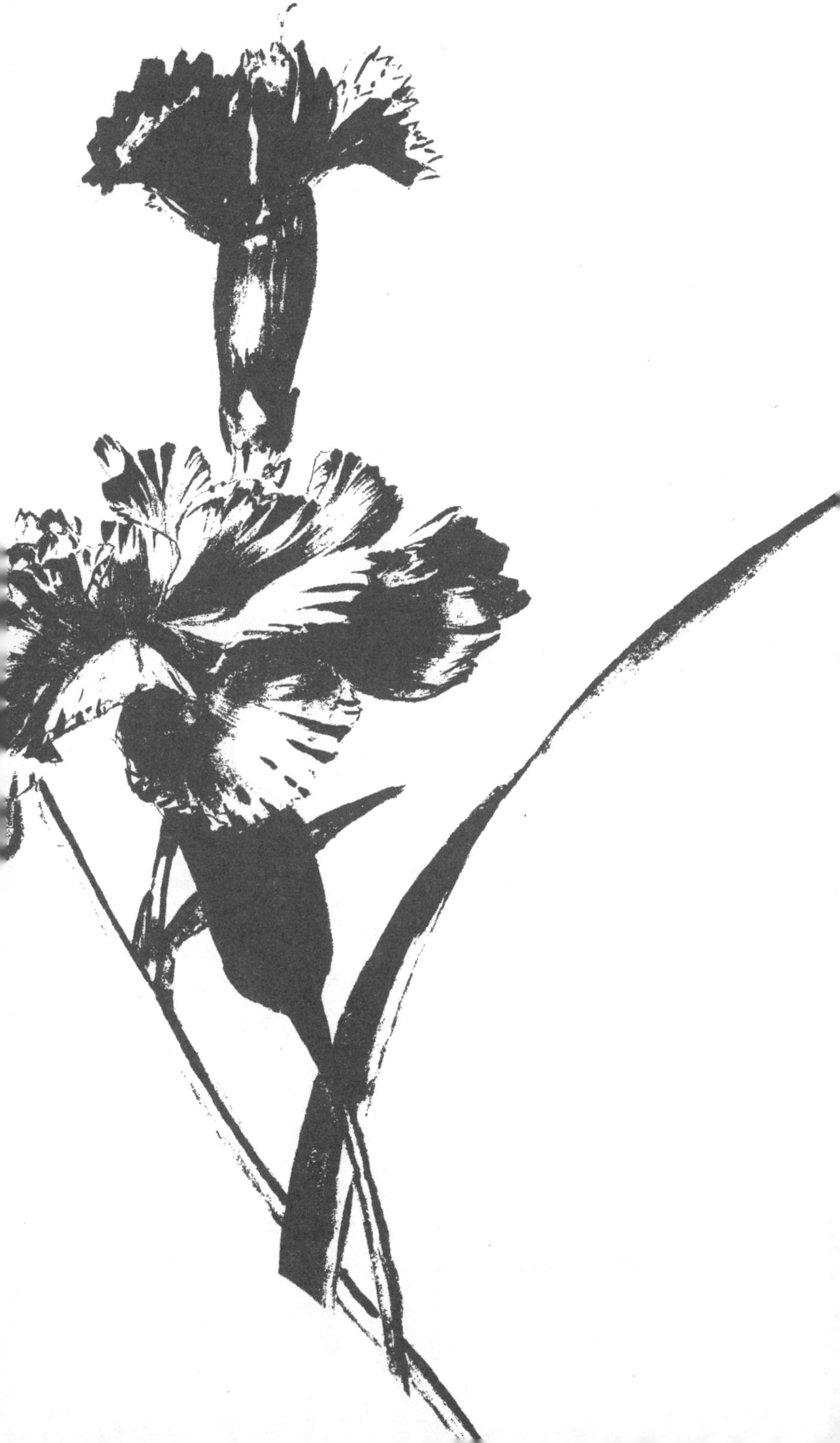

Eu tentei

Eu juro que tentei

Mas eu não me encontrei em nada

Não me sinto representado em nada

A moda me dá sono

E a tendência me dá preguiça

Eu tentei

Eu juro que tentei

Mas ninguém faz parte disso

Do que sou

E do que sinto

Eu me cerquei e construí um muro forte em minha vaidade

E agora estou sozinho

Eu tentei

Eu sei lá se tentei

Mas eu me fiz tão eu

Que agora me encontro somente em mim

Meu próprio mundo me abandona

Eu sei que para me relacionar eu tenho que derrubar essas construções de ego

Mas é difícil

O mundo não é só eu

Apesar de sentir que o mundo sou eu

E que eu sou o mundo.

Eu tentei

E estou cansado de tentar.

Eu me sinto merda

Mas uma merda que me faz bem

Eu vou tentando me enturmar na medida do possível

Enquanto o impossível ainda não me engoliu.

Quem consegue tirar a sua roupa?

Ela me olhou,
Mas não me disse que escrevia.
Ela saiu comigo,
Mas não me mostrou suas linhas.
Ela me beijou,
E só depois me disse da existência de seu caderninho.
Um caderno de capa normal,
mas com conteúdo profundamente pessoal.
Seu caderninho de arte.
Eu conhecia o gosto do seu beijo,
Mas não conhecia seus versos.
Ainda não tínhamos intimidade o suficiente para abrir
seu caderno.
Eu conhecia seu corpo,
mas não sua arte.
Depois de alguns meses,
depois de muitos encontros,
ela resolveu dar um passo importante para o relacionamento,
decidiu me mostrar seu caderno misterioso.
Ela abriu com as mãos seguras de si.
Percebi que todas as artes possuíam data e eram feitas com
uma caneta específica.
Ela fez questão de me contar o contexto de cada página,
o que havia feito naquele dia e o que estava sentindo quando fez.

Quando começou a me mostrar seu caderno,
era como se estivéssemos tendo nossa primeira relação.
Como se eu pudesse mergulhar em sua imensidão.
Ela foi me mostrando devagar, com um sorriso de timidez e uma voz de entusiasmo.
E depois de devorar aquele caderno inteiro,
conseguia ver sua nudez.
A nudez por trás de seus olhos,
a nudez de sua alma.
Me apaixonei por esta alma nua que estava a minha frente!
Suas palavras faziam parte da boca que as pronunciavam.
Eu dei um beijo nela com vontade, como se fosse o primeiro.
Eu senti que fiz o que poucas pessoas conseguiram fazer.
Despi seu coração, e me apaixonei ainda mais pelo que vi.
Primeiro eu me encantei pelos seus olhos
E depois pelo universo que existia por trás deles.
Despir a alma é mais íntimo que despir o corpo.

Ela foi embora e
ela não disse mais nada.
Ela infelizmente não disse mais nada,
ela estranhamente não disse mais nada,
ela desrespeitosamente não disse mais nada,
ela desesperadamente não disse mais nada!
Ela não disse mais nada.
Ela não disse,
ela não
era.

Se apaixonar
é essa linha tênue
entre o **poético**
e o **patético**.

Mais do que pensar em você,
eu te respiro.
Dizer "eu te amo" parece pouco
porque mais que te amar
eu te admiro.

Morte,
não tenha pressa.
Eu suspeito que a madeira de meu paletó
ainda seja uma semente.

Eu desaprendi a viver. Tudo era mais fácil.
Quanto mais eu sei, mais eu me confundo. Buscar o conhecimento, em especial o autoconhecimento, só me fez chegar na parte mais inflamada do meu coração. Até o vento faz doer. Eu não sei como lidar. Eu não sei o que fazer. Eu não queria ser tão frágil.
Eu faço tudo e pareço tão forte. Eu faço tudo e pareço tão seguro. Eu faço tudo e pareço tão grande.
Mas eu sou um véu, um véu de vidro. Um véu que tem medo de ser pesado demais para os outros.
Eu fico sozinho para não pesar.

p.s.[1]: sobre as primeiras sessões de terapia.
p.s.[2]: valeu a pena.

Eu mais sinto do que sou,
pois sou um profundo poço de sentir.
Meu sentimento faz o que sou,
se é que algum dia fui
o que sinto ser.

Última poesia

Você vai fechar o livro
e se ver novamente no ambiente em que está.
Lembre-se,
em alguns momentos de sua vida você vai precisar ser forte,
e você será!
Se ama
E se faz feliz,
eu estarei sempre aqui quando precisar.
É o fim deste livro,
mas não é o fim da sua vida.

Copyright © Pedro Salomão, 2020
Copyright © Editora Planeta do Brasil, 2020.
Todos os direitos reservados

Preparação: Vanessa Almeida
Revisão: Nine Editorial e Fernanda França
Projeto gráfico: Marcela Badolatto
Diagramação: Natalia Perrella
Imagens de capa e miolo: Rijksstudio
Capa: André Stefanini

DADOS INTERNACIONAIS DE CATALOGAÇÃO NA PUBLICAÇÃO (CIP)
ANGÉLICA ILACQUA CRB-8/7057

Salomão, Pedro
  Se você me entende, por favor me explica / Pedro Salomão. –
São Paulo: Planeta do Brasil, 2020.
  160 p.

ISBN: 978-85-422-1877-0

1. Poesia brasileira I. Título

20-1115   CDD B869.1

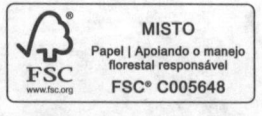

MISTO
Papel | Apoiando o manejo
florestal responsável
FSC
www.fsc.org FSC® C005648

Ao escolher este livro, você está apoiando o manejo responsável das florestas do mundo

Acreditamos
nos livros

Este livro foi composto em Baskerville e impresso pela Gráfica Santa Marta para a Editora Planeta do Brasil em março de 2024.

2023
Todos os direitos desta edição reservados à
Editora Planeta do Brasil Ltda.
Rua Bela Cintra, 986 - 4º andar - Consolação
01415-002 – São Paulo-SP
www.planetadelivros.com.br
faleconosco@editoraplaneta.com.br